88278604R00060

Made in the USA
Middletown, DE
08 September 2018